Lucie Bardot

Piensa, crea y realízate

O el arte de cumplir tus sueños

No olvides compartir tu opinión en Amazon.

Piensa, crea y realízate

Tercera edición marzo 2022

Que este libro te lleve a vivir con paz, amor y felicidad.
Sé tu mejor amigo, tu mejor compañía, porque pase lo que pase, tú eres el que estarás siempre a tu lado.
Sé el amor de tu vida, respétate.
Respeta a los demás, trata bien a tus seres queridos, porque ser una buena persona te hará enamorarte aún más de ti.

Índice

Prólogo

¿Por qué este título?

Porque antes de poder crear y lograr lo que te hará sentir una persona plena y feliz, primero es importante deshacerte de tus malos hábitos de pensamiento, porque muchas veces nos parasitan.
Ellos monopolizan nuestra energía profanando, impidiéndonos avanzar y evolucionar.
Ahora es el momento de hacerse cargo y hacer un verdadero trabajo preliminar.

Este libro te acompañará y te guiará por este camino que te hará crecer y te aliviará.

¿A qué viene este libro?

Un día leí una lista de 150 cosas que hacer antes de morir. Publicar un libro era una de ellas.
Todo el mundo es capaz de escribir y publicar un libro, ahora el verdadero reto es que ese libro le haga pasar un buen rato al lector, que realmente le aporte algo bueno.
Si mi modesto trabajo le permitiera a una sola persona alcanzar sus metas y ser feliz, sería todo un éxito.

Espero sinceramente que este libro deje una huella en cada uno de mis lectores.

Fue durante mi psicoterapia que comencé a sentir la necesidad de escribir. Me di cuenta de que escribir me ayudaba a concretar mis pensamientos, a hacerlos más precisos, porque al poner palabras a mis pensamientos, al tratar de construir oraciones más accesibles, también los asimilaba más fácilmente.
Las reflexiones de este libro provienen directamente de mi trabajo personal.
El orden en el que puedes leer mis pensamientos diarios se ha mantenido sin cambios. Voluntariamente opté por no modificarlo.
También agregué muchas herramientas que me permitieron transformar mi vida. Yo no inventé nada. Simplemente he leído y estudiado la mayoría de los libros dedicados al desarrollo personal, he seguido muchos cursos de formación y, según mi práctica de cada una de estas técnicas, he hecho una selección de las mejores para mí. Te las reveló para que puedas ponerlas rápidamente en práctica, porque estas técnicas muchas veces son abstractas y nos dejan un poco solos a la hora de aplicarlas en nuestro día a día. Por lo tanto, he procedido a una agrupación de varias de ellas, revelando ejercicios simples, que te permiten obtener resultados rápidamente.
Una mezcla de PNL (Programación Neuro-Lingüística), psicología básica así como diferentes enfoques directamente relacionados, o no, con la ley de la atracción.

¿Cómo llegué a esto?

No me detendré en mi primer período de vida, solo diría que tuve una infancia muy dolorosa. Me fui de casa a los 16 años. La madre de mi primer novio, Marie-Luce, me regaló un libro que ha cambiado del todo mi visión y fe en el futuro, " la Energía cósmica, este poder dentro de ti", de Joseph Murphy. Me dio mucha esperanza, comencé a pensar que mis sueños eran alcanzables, entonces se me abrieron nuevas perspectivas. Fue a la edad de 18 años que realmente tomé mi destino en manos.
Tenía sueños y tenía la intención de hacerlos realidad.

A los 25 años tenía todo lo que había soñado. Estaba casada, era dueña de mi casa, conducía un hermoso auto descapotable, trabajaba para una empresa muy importante, gracias a la cual disfrutaba de muchas ventajas y sobre todo de una seguridad laboral.
En fin el paquete completo de acuerdo a mis criterios del momento.
Pero ahí fue cuando perdí el equilibrio. No sabía qué hacer, había alcanzado mis metas pero no sabía cómo disfrutarlas y sobre todo no tenía más metas que alcanzar. Era como si el suelo se derrumbaba bajo mis pies, no tenía como apoyarme. Ya no tenía ninguna

razón para luchar. Fue entonces cuando caí en depresión.
Así que decidí comenzar una psicoterapia. Trabajé en mí misma durante 3 años a razón de una cita a la semana y cambió mi vida.

Fue durante el tercer año de terapia, con más madurez y retrospectiva, que comencé a escribir mis pensamientos y las lecciones que iba aprendiendo de este trabajo personal.

Entonces escribí un primer borrador de este libro. Luego me fui a vivir a Andalucía, tuve a mi hija, me fui a vivir a Panamá, me hice cargo de la gestión de un camping, me divorcié, y sola con mi hija de 3 años monté un "hostal". Regresé a Francia con mi hija y un nuevo compañero de vida, trabajé, compré una casa en ruinas, hicimos obras, llegó mi hijito, vendimos la casa y todas nuestras pertenencias, para irnos a vivir en autocaravana y viajar en familia por 6 meses, regresé a Andalucía. Ya habían pasado 10 años....

Durante estos 10 años también me formé. Obtuve un diploma de naturópata, me hice maestra de Reiki, también pasé un diploma de practicante en EFT, y me titulé como practicante en Hipnoterapia y PNL.
Al mismo tiempo, también estudié muchos métodos de desarrollo personal.
En resumen, no perdí el tiempo.
Entonces fue cuando decidí retomar el borrador de mi libro, con aún más aprendizaje para compartir, más madurez y sobre todo con un método, un sistema de pensamiento homologado para conseguir todo lo que se desea.

Encontrarás en este libro las diferentes herramientas que me han sido útiles.
Ejercicios sencillos y prácticos que cambiarán tu día a día y transformarán tu vida.
Todo está ahí, desde la psicología básica hasta la PNL, y un capítulo que revela un truco del que muchos hablan pero con una práctica poco conocida pero muy poderosa de las leyes de la atracción...

En resumen, este libro es un todo en uno.

Te deseo una excelente lectura
y una vida maravillosa.

El propósito de este libro es ayudarte a definir y alcanzar tus sueños. Ayudarte a que por fin puedas poner en práctica todos estos métodos que te permitan alcanzar tus objetivos. No se trata de hacerte tomar el poder sobre nada, el control no es beneficioso. Sino más bien para ayudarte a soltarte y a conocerte, a amarte, e incluso a ayudarte a vivir tu vida cotidiana con más ligereza.
Se trata simplemente de hacerte consciente del poder que hay dentro de ti, de tu poder.

Si este libro está en tus manos,
es la prueba de que todo es posible.
(Porque aunque soñaba con eso, nunca pensé que se publicaría)

De hecho, cuando comencé a escribir mis pensamientos, como los puedes leer hoy, el objetivo era muy personal, un poco como un diario.
Entonces, comencé a compartir mis ideas con mi gente y me di cuenta de que podían ayudar a otras personas que buscaban una vida mejor, que buscaban la paz interior.

Este libro plantea preguntas personales para el lector, lo que lo hace interactivo.

Todos somos diferentes, no hay un pensamiento único y el hecho de que te hagas tus propias preguntas te llevará a tu propia evolución.

Metodología

Los temas tratados no respetan ningún orden en particular, para una lectura más ligera.
Puedes elegir tu método, alternar entre los dos o incluso inventar uno propio.

Tienes el control de tu desarrollo.

1º método : lectura clásica, lees tema por tema para empezar a asimilarlos.
Recomiendo un tema por día.

2º Método : eliges un tema del libro sobre el que meditarás durante al menos una semana.
Cuando lo hayas elegido, anota tus primeras sensaciones.
Luego, cuando te sientas iluminado o incluso impregnado de este tema, toma nuevas notas. Observarás por ti mismo una cierta evolución en tu forma de pensar.

Ciertos temas requieren mucho más tiempo que otros para integrarse, meses, incluso años....
No tengas miedo, todo sucederá a su ritmo, y no sucederá nada que no quieras.

El objetivo no es cambiarte por completo, ni esperar que la práctica de tu nueva forma de pensar suceda de la noche a la mañana. Sería demasiado fácil...
De hecho, tu razonamiento debe asociarse con una o más experiencias para poder registrarse en ti.
Cuando no estás de acuerdo con un tema, no insistas demasiado, puede que no sea el momento para ti...
Pasa a otro tema, teniéndolo en cuenta.

Para que cada uno de los temas quede bien impregnado en ti, tiene un recordatorio cada siete pensamientos.

Pido tolerancia, soy francesa y mi español, puede tener algunos errores.

También pido disculpas a todos los lectores por haber optado por la sencillez y no haber especificado, cada vez que hubiera sido necesario, el posible acuerdo con lo femenino.

Gracias de antemano por su comprensión.

Agradezco a mi psicoterapeuta por su acompañamiento y su ayuda.
También agradezco a todas esas personas que me acompañaron en ese camino tan hermoso y a la vida por abrirme la mente y elevar mi nivel de conciencia.

- 1ª Parte -

- Los opuestos crean.
- Las dificultades que encontramos a lo largo de nuestras vidas nos permiten seguir adelante.
- Reemplazar la negatividad por positividad.
- Para poder complacerte, primero debes conocerte a ti mismo.
- Es gracias a nuestros momentos de frustraciones que crecemos.
- El estado de frustración nos ayuda a conocernos y a construirnos.
- Las debilidades de los prepotentes.

Resumen de la 1ª parte

Los opuestos crean.

¿Cómo podemos conocer los beneficios del bien si no conocemos el daño del mal?
Me explico. Hasta que conozcas la maldad, es difícil reconocer la bondad. Hasta que conozcas la mentira, será difícil apreciar realmente cuando alguien te dice la verdad.
Una vez pasado el dolor, agradecerás sentirte mejor...
No seríamos libres si no se fijasen límites y se sancionase no respetarlos.

Por ejemplo, nos quejamos con frecuencia de la represión del tránsito. Pero si no existiera, ni siquiera podríamos llevar nuestro vehículo, y sería muy peligroso conducir, porque si cada uno tuviera que determinar sus propios límites, todos serían muy diferentes.
¿Imaginas lo peligroso que sería andar por nuestras calles si no se establecieran reglas de convivencia?
Estaríamos libres de hacer lo que quisiéramos, pero al final seríamos prisioneros porque el comportamiento de algunos sería incontrolable e impredecible.
Necesitamos un mínimo de límites. Y son estos límites los que nos permiten cierta libertad.

Podría darte muchos ejemplos más, pero no quiero hacer todo el trabajo sola, así que dejaré que sigas buscando algunos ejemplos por tu cuenta, porque todo tiene un opuesto, y sin estos opuestos, estos "todos" no existirían.

Las dificultades que encontramos durante nuestras vidas nos permiten seguir adelante.

Así que acepta las dificultades tal cual como llegan y trata de entender por qué esta situación te afecta tanto y sobre todo por qué esta situación te resulta difícil de superar y de sobrellevar.

Después de comprender y asimilar el "por qué" de esta dificultad, ya no te encontrarás en esta situación, al menos ya no percibirás la dificultad de la misma manera.
Porque cuando sepas la razón de tu "debilidad" o "sensibilidad", en situaciones molestas te será mucho más fácil mantener la cabeza fría, permanecer en paz, que te sea indiferente.

No digo que ya no conocerás sufrimiento, pero lo entenderás y eso lo hará mucho más llevadero porque no sentirás que pierdes la estabilidad.

Busca uno o más ejemplos en tu vida. Seguramente habrá situaciones en el pasado que te avergonzaron, te entristecieron o incluso te enfadaron y, sin embargo, hoy te dejan completamente indiferente.

Reemplaza negatividad por positividad.

Cuando tengas ganas de criticar, quejarte, o calumniar: corrige tus pensamientos cuanto antes y reemplazalos con pensamientos positivos.

De hecho, no obtendrás ningún bien criticando o quejándote.
Esto no cambiará la situación de ninguna manera y perderás tu tiempo con pensamientos desagradables o que al menos te dejarán sintiéndote mal.

Para ya con tus pensamientos negativos.
Pero no te detengas ahí, porque al universo no le gusta el vacío, se apresurará a llenarlo con el mismo tipo de energía.

Así que llena este espacio con pensamientos bonitos, pensamientos positivos o simplemente pidiendo perdón por tus pensamientos y perdonándote y perdonando al otro por su actitud.

Ej: "Te perdono de todo corazón por tu actitud que de ninguna manera define quién eres.
Y me perdono a mí mismo por haber tenido este sentimiento hacia ti".
"Te acepto como eres y me acepto como soy".

Verás, la sensación de bienestar es impresionante.
Te volverás adicto a este ejercicio.

Para poder complacerte, primero debes conocerte a ti mismo.

De hecho, ¿cómo puedes elegir lo que quieres en la vida si no te conoces a ti mismo?
¿Cómo puedes complacerte a ti mismo si no te conoces? ¿Alguna vez has tratado de complacer a un desconocido?
No es nada fácil ¿verdad?

Es difícil acertar cuando le haces un regalo a un ser querido, así que cuando toca complacer a una persona que no conoces o conoces poco, más complicado aún.

Seguro que conoces el dolor de cabeza que da buscar un regalo que guste en cada navidades, cumpleaños, bodas, comuniones…

Así que presta mucha atención a tus deseos, a lo que eres, esto te será de gran utilidad.
Y no caigas en la trampa... Con demasiada frecuencia nos apropiamos de los deseos de otras personas.

Es gracias a nuestros momentos de frustración que crecemos.

La frustración permite encontrarse cara a cara consigo mismo.
Nos permite determinar nuestros límites.
Imagina que, las frustraciones son como muros que se van construyendo, bloques tras bloques, cada vez más sólidos, estos muros no te encierran, al contrario, te ayudan a construirte a ti mismo.
Son la base de tu hogar, de tu evolución.

¿No te sientes mucho más seguro en una casa con paredes de ladrillo, que en una casa hecha de paja?
Yo conozco a unos tres, que se enteraron muy bien...
Y el que tenía la casa más sólida, era precisamente el que más se lo había curado, aguantando sus frustraciones mientras sus hermanos se lo pasaban en grande ...

El estado de frustración nos ayuda a conocernos y a construirnos.

En efecto, la frustración nos pone frente a nosotros mismos, como frente a un espejo.
Esto nos permite diferenciarnos de los demás.
Sin ella, no nos encontramos, no nos conocemos y, por lo tanto, no podemos apreciar realmente lo que la vida nos ofrece.
Vivimos indirectamente a través de los placeres o dolores de quienes nos rodean.

Acepta la frustración como
una herramienta para evolucionar.

Las debilidades de los prepotentes.

Las personas que tratan de controlar a los demás, de tener poder, son en realidad personas que anhelan sentirse existir.
En su mayoría viven de lo que los demás piensan de ellos. No pueden soportar estar en dificultades. Para ellos, las dificultades significan "fracaso" y les asustan.
No ven en ellas la oportunidad de aprender, evolucionar y corregirse.
Tienen tanto miedo de encontrarse en esta situación de fracaso que se anticipan, un poco a la manera del pavo real, que se crece y trata de impresionar con su plumaje, cada vez que se acerca un extraño.
Se crecen, ya sea a través de su voz, hablando alto y fuerte. Ya sea por su postura, su actitud, su porte orgulloso, por su enfoque invasivo, y tratando de impresionarte.
Así que como consuelo, piensa para ti, que esas personas tienen muchos complejos y problemas que resolver y déjalos conformarse con ese engaño.
Porque en definitiva, este comportamiento demuestra lo que más temen: su gran inestabilidad y fragilidad.

¿Cómo puedes dejar que te afecte las palabras o la actitud de este tipo de persona?
Trata de entender lo que te molesta. ¿Qué es lo que te afecta cuando te encuentras frente a ellos?
¿Tu también eres adepto a este tipo de sentimiento, el miedo al fracaso, tu impotencia ante tus debilidades?
¿Por qué te sientes angustiado por estos pavos reales?

En lugar de ponerte nervioso, aprovecha la oportunidad de conocerte un poco mejor. Y créeme, el día en que el comportamiento de este tipo de personas ya no te afecte, será una verdadera victoria, tu victoria, tu fuerza.

Elijo no ser más arrendatario,
sino dueño de mi cuerpo.

Vive para ti, sin buscar poseer.
No somos lo que TENEMOS

La frustración es una oportunidad
de evolución posible, vívela plenamente.

Alcanzar nuestras metas es importante, pero
también lo es el camino que nos lleva hasta allí.

Ama a tu prójimo, ama a tus vecinos.

Resumiendo la 1ª parte

1- Los opuestos crean.
Gracias a lo que odias existe lo que amas.

2- Las dificultades que encontramos durante nuestra vida nos permiten seguir adelante.

3- Reemplaza los pensamientos negativos por unos positivos.

4- Para poder complacerte, primero debes conocerte a ti mismo.

5- Es gracias a nuestros momentos de frustraciones que crecemos.

6- El estado de frustración nos ayuda a conocernos y a construirnos.

7- Los poderosos tienen debilidades.

- 2ª parte -

- ¿Cuál es el "sentido" de tu vida?
- Mímate, ponte en contacto con tu cuerpo.
- Cuando pierdo el equilibrio, me vuelvo a centrar en mí.
- ¡No soy egoísta, sucede que no solo pienso en los demás!
- Tengo pleno "poder" sobre mi vida.
- No te desconectes de la realidad del mundo.
- No hables sin saber.

Resumen de la Parte 2ª Parte

¿Cuál es el "sentido" de tu vida?

¿Alguna vez te has hecho la pregunta?

Ojo, no debe depender de nada ni de nadie.

Tampoco depende de un elemento que provenga del exterior, ni de algo que pueda variar según el momento. Pero de algo profundo que viene de dentro de ti que te guía y que no ha cambiado desde que viniste al mundo.

Este "sentido" que te ha mantenido vivo
desde tu nacimiento es inquebrantable.

Puede que te tome un buen tiempo comprender y encontrar la respuesta a esta pregunta, pero cuando la encuentres, no dudarás ni por un momento que esa sea la respuesta.
Personalmente, me tomó 3 años averiguarlo.
Sé paciente.

Mímate, ponte en contacto con tu cuerpo, abrázate y disfruta de cada uno de tus sentimientos.

No siempre es fácil "mimarse", por ejemplo cuando se está en el trabajo, en los transportes públicos, o simplemente rodeado u ocupado, pero ciertas partes del cuerpo permanecen accesibles y puedes tocarlas sin que parezca extraño.
Como las manos, las orejas, la cara y el cuero cabelludo, así que disfruta.

Personalmente, acariciar mis manos me tranquiliza, mientras que masajear las orejas tiene un efecto regenerador en mí.

Tómate el tiempo para darte un poco de cariño y conocerte.
Y tan pronto como puedas masajea tus pies, que con demasiada frecuencia nos olvidamos de ellos.

Toma posesión de tu cuerpo,
siéntelo desde dentro.

Cuando pierdo el equilibrio, me vuelvo a centrar en mí mismo.

En primer lugar, si es posible, acuéstate y respira profundamente, haciendo que tu barriga se infle más que de costumbre.
Para hacerlo bien, pon una mano en tu estómago y con cada inspiración, empuja tu mano con él.

Imagina que ese aire que entra en tus pulmones está cargado de energía purificadora y positiva.

Imagina la energía del aire subiendo por tus pies.
Este aire purifica todo a su paso, hazlo pasar por todo tu cuerpo, miembro por miembro, hasta que sientas que todo tu cuerpo se purifica.
Con cada inspiración la energía gana terreno en tu interior.
Con cada exhalación imagina que el aire que expulsas por la nariz forma una burbuja a tu alrededor.
Con cada exhalación, esta burbuja crece y te hace más fuerte, menos vulnerable.

Haz este ejercicio tantas veces como sea necesario, sentirás tu fuerza, volviendo a adueñarse de tu cuerpo.

¡No soy egoísta, sucede que no solo pienso en los demás!

Hacer ciertas cosas solamente para ti no significa que seas egoísta.
Mientras respetas a los demás, no hay razón por la que no puedas vivir y actuar para tu felicidad.

Si no vives para ti mismo, ¿quién lo hará?

Además, si esperas que los demás hagan que tu vida sea hermosa, corres el riesgo de no estar completamente satisfecho. De hecho, como dije antes, nadie excepto tú, podrá satisfacerte por completo.
Te podrían complacer unas cuantas veces pero de aquí a llenarte de felicidad a diario sin que tengas que intervenir, será difícil.

Deja de sentirte culpable
y vive tu propia vida, como quieras.

Tengo pleno "poder" sobre mi vida.

Cuando hablo de poder, obviamente no hablo de "poder" en el sentido de una posición de fuerza, sino de poder en el sentido de poder hacer, de posibilidades.

Realmente no hay nada imposible para aquellos que quieren darse los medios.

Este libro, que está en tus manos, es para mí la prueba de ello, porque fue un sueño que pensé que nunca se cumpliría.

Eres el único dueño de tu vida.
Acepta cada evento, cada molestia, cada obstáculo, cada "fracaso", como un nuevo escalón al cual subir y que te acerca cada vez más a tu meta.

Sube estos escalones sin miedo. Te llevarán a lo más profundo de tí, a tus raíces, a lo que realmente eres, te llevarán a tu "ser".

Cuanto más subas, más alto llegarás,
y más hermoso será el éxito.

No te desconectes de la realidad del mundo.

Practicar el pensamiento positivo no requiere que adornes todo de superficialidad.

"No todo el mundo es bonito, no
todo el mundo es simpático".

Pero ese no es tu problema.
Si te desconectas de la realidad, te subirás a una montaña de ilusiones donde no tendrás donde agarrarte y al menor golpe caerás, y más lejos estarás de la realidad más dolorosa será la caída.

Practicar el pensamiento positivo es aceptar y apreciar las cosas como son.
Confórmate con lo que la vida te presenta.
Presta atención a cada pequeña cosa positiva que te sucede, porque siempre hay algunas…

No esperes a estar enfermo para apreciar la salud.
No esperes a perder a un ser querido para amarlo.
No esperes a estar en la calle para disfrutar de la comodidad de un hogar.
No esperes a vivir solo para disfrutar de la compañía de un ser amado...

¿A qué esperas para ser feliz?

No hables sin saber.

"Solo tengo que decirlo
para que suceda lo contrario".

Todos nos hemos dicho eso al menos una vez en la vida. El hecho es que vivimos en un mundo donde todo tiene que moverse cada vez más rápido. Estamos atrapados en un torbellino donde con pocos elementos hacemos una generalización, o sacamos conclusiones precipitadamente, con un único objetivo, ganar tiempo.

Pero, ¿por qué tenemos tanta prisa por averiguarlo?
¿Por qué somos tan impacientes?
¿Nos hace sentir seguros creer que sabemos?

Acepta no poder preverlo todo, no entenderlo todo, no saberlo todo, no poder analizar todas las situaciones y sobre todo acepta las cosas como son.

Déjate llevar, respira, vive.

Resumiendo la 2ª parte

1- ¿Cuál es el "sentido" de tu vida?

2- Mímate, ponte en contacto con tu cuerpo, abrázate y disfruta de cada uno de tus sentimientos.

3- Cuando pierdo el equilibrio, me vuelvo a centrar en mí mismo.

4- No soy egoísta, sucede que no solo pienso en los demás.

5- Tengo pleno "poder" sobre mi vida.

6- No te desconectes de la realidad del mundo.

7- No hables sin saber.

- 3ª parte -

- Aprende a seguir tu intuición.
Usa tu instinto, será tu mejor aliado.
- ¡Tómate tu tiempo para vivir!
Hacer una cosa a la vez y sobre todo hacerlo con plena conciencia.
- Nuestras angustias son las pruebas de que estamos vivos.
- No somos justicieros.
- Este mundo es tuyo.
- No des más de lo necesario.
- Debajo de tu ropa está tu cuerpo.

Resumen de la 3ª parte

Sigue tu intuición.

Si estás perplejo sobre el poder de la energía positiva, y mientras esperas tener una prueba de que exista y que realmente puede tener efectos en tu vida diaria, dependiendo de tu estado de ánimo, te invito a confiar en tu instinto, en tu intuición.

De hecho, tenemos el poder de escuchar, sentir, observar, lo que nos da una cierta intuición, una especie de instinto de supervivencia.

Muchos de nosotros perdemos esta intuición durante nuestra infancia, porque perdemos el hábito de escucharnos, de confiar en ella, prefiriendo, por ejemplo, confiar en los avances tecnológicos, confiar en lo que nos dicen.
Confiamos nuestro destino al GPS, tomamos nuestros smartphone a la menor duda, somos dependientes de la tecnología.

Hay que decir que desde nuestra más tierna edad hemos estado separados de nuestro propio poder, de nuestra intuición.

El médico sabe si duele o no. Los adultos saben más que nosotros. No hagas esto, no hagas lo otro... Y muchas veces tienen razón, pero ¿qué pasa con nuestros propios sentimientos?

Y, ¿qué pasa con nuestra intuición?
¿Hemos perdido la confianza en ella, en nosotros?
¿Hemos perdido el manual?

Esta intuición está siempre en nosotros,
solo que está hibernando, eso es todo.

Comienza por volver a conectar suavemente con ella. Empieza a confiar en ella en silencio. Ponte en contacto con tus sentimientos, observa el mundo que te rodea, manténte alerta.
Hazte preguntas y aprende a reconocer tu voz, tu entonación.
Esa vocecita siempre te habla con amor, con buena intención. Nunca te dará órdenes.

Esta intuición, este instinto, está en ti, está en todos nosotros, así que confía en ella, confía en ti.

Usa tu instinto,
será tu mejor aliado.

¡ Tómate el tiempo para vivir !

Seguro que has tenido la experiencia de no recordar lo que has hecho o dejado de hacer.
¿Cerré la puerta? ¿Apagué la calefacción? ¿Apagué la luz, el gas?

¿Y por qué?
Porque hacemos varias cosas a la vez.

Para tratar de corregir este mal hábito, aprovecha momentos sencillos que no interrumpan tu apretada agenda.

Por ejemplo, cuando te cepilles los dientes, tómate el tiempo de contactar con cada una de tus sensaciones y rechazar todos tus pensamientos parásitos.
El tacto del cepillo de dientes en las encías, el sabor del dentífrico, los movimientos mecánicos que haces con la muñeca...
Al ducharte, el agua recorriendo tu cuerpo, el ruido que hace al caer, la sensación al frotar ...

¿Puedes dedicarte 3 minutos a ti mismo?

Luego, poco a poco, concéntrate en tomar conciencia de cada una de tus acciones.

Lo importante es hacer una cosa a la vez y sobre todo hacerlo con plena conciencia.

¿Sientes que estás atrapado en un torbellino? ¿El vórtice de la vida?
En el "torbellino de la vida", hay "Vida", no te la pierdas, todo es vida.

Vive la vida, aunque sea en un torbellino.

Nuestras ansiedades son las pruebas de que estamos vivos.

"Me preocupo porque tengo preocupaciones".

La ansiedad, las angustias, son parte de los sentimientos que son normales experimentar cuando uno tiene conciencia, cuando uno es humano.

Así que acepta tu ansiedad… eres humano.

Pequeño consejo personal: comparé mis angustias con pequeños cosquilleos en el estómago y la garganta, el lugar donde en general me sentía oprimida.
Esos cosquilleos me recuerdan lo humana que soy y me permiten vivir mejor esos momentos de angustia y por tanto aceptarlos más fácilmente.
Experimenta con lo que funcione mejor para ti.

¿Pero por qué es tan malo?

Esta mañana, cuando regresé a mi automóvil, vi que mi limpiaparabrisas trasero había sido arrancado. Inmediatamente, sentí que la ira crecía en mí.
¡¡¡Qué injusto!!! Este limpiaparabrisas ya no me iba a servir, ni le iba a servir a mi vándalo, ya que se había roto.
Este tipo de sentimiento es realmente desagradable, pero no quería que además de romperme el limpiaparabrisas, este acto me robara el buen humor del día.
Entonces traté de entender lo que estaba pasando dentro de mí.
La injusticia es el primer sentimiento que me vino a la mente.
Pero, ¿quién soy yo para juzgar este acto?
Concretamente, me arrebataron un bien mío. ¿y qué?....
La ilusión de poseer….. Compramos, creemos que “tenemos”, pero al final, todo nos lo pueden arrebatar, y eso, en cualquier momento.
También me abstuve de clasificar este acto en cualquier categoría: "estúpido" o no.
No estoy en la cabeza del vándalo, no sé las razones ni las circunstancias de este acto, cómo podría juzgarlo sin saber nada al respecto.

¿Por qué debo decidir quién debe pagar por sus actos y cómo?

Esta persona debe estar sobreestimando su poder, así que decidí dejar que la vida se encargue de ella.
No soy una justiciera.

Me encontré en esta situación, y seguramente fue por una razón, debo entender el significado.
Personalmente, el hecho de encontrarme frente a mi impotencia fue lo más difícil.
Pero "impotencia" es lo contrario de "poder", ¿por qué no puedo soportar no ser "poderosa"?
No quiero repetir el mismo error del vándalo, no quiero sobreestimar mi poder. Así que me pongo de vuelta en mi sitio, y la vida sigue.

Esta forma de pensar puede parecer un poco utópica, pero si realmente lo piensas...

¿Qué habría ganado yo siguiendo maldiciendo este extraño?

Nada.
¿Entonces, por qué hacerlo?

Este mundo es tuyo.

No te aísles del mundo exterior con el pretexto de que no te conviene, sino acéptalo tal como es, porque este mundo es tuyo.

De hecho, todo lo que ves, todo lo que sientes, viene de ti mismo. Lo analizas a tu manera, con tu experiencia, estas son tus impresiones, tus sentimientos.

Cada uno de nosotros vivimos en "Nuestro" mundo. Puede ser difícil de creer y asimilar pero, sin embargo, es lógico, date cuenta y acepta la realidad.
Tu mundo proviene de tu interpretación de él.

¿Alguna vez te has sorprendido teniendo recuerdos o sentimientos completamente diferentes al de otras personas que, sin embargo, han compartido exactamente la misma situación que la tuya?

Intenta hablar con un ser querido sobre un recuerdo en común y pregúntale cómo se sintió en ese momento, verás cuánto vives en tu mundo y él en el suyo.

No des más de lo necesario.

Al mimar y proteger, demasiado a nuestros seres queridos, dándoles en exceso todo lo que podrían necesitar y anticipando todo para su felicidad y sus placeres, los privamos de lo que se llama necesidad y autosatisfacción.

En efecto, cuando la felicidad se da en cantidades masivas, ya ni la buscamos, es un debido, una evidencia.
No tenemos la oportunidad de tratar de complacernos. Por tanto, no podemos conocer el gusto de satisfacernos.

Al no tener acceso a este tipo de sentimientos, nos vemos privados de esta posibilidad de conocernos.
Sin conocer la frustración y sin haber hecho nunca contacto con nuestros propios deseos, no podemos conocer el "verdadero" placer.

¿Es esto lo que quieres para tu ser amado?

Debajo de tu ropa está tu cuerpo.

Nos vestimos para protegernos del clima, para mostrar nuestra pertenencia a un estilo, para diferenciarnos de los demás, para sentirnos bien.
Pero sobre todo nos vestimos por pudor.
El pudor es un sentimiento más o menos fuerte según nuestra cultura y nuestro temperamento. No existe una regla pero es más frecuente que se declare o se refuerce durante la adolescencia.
El pudor entra en juego en una etapa muy importante de nuestras vidas, especifica el respeto por uno mismo. Mi cuerpo es diferente al de los demás, es mío y depende de mí, hacer con él lo que me plazca.

Llevar ropa nos permite protegerlo, pero llegamos a perder la conciencia de que tenemos un cuerpo, y si no le prestamos atención, principalmente en épocas de mucho frío, cuando estamos tapados de pies a cabeza. La ropa nos separa completamente de nuestro cuerpo. No más contacto físico, no más contacto visual.

Para poder respetarlo, debemos siempre ser conscientes de él, de su existencia.
Debemos conocerlo, domarlo, amarlo.

Visualmente nos representa. Su estado refleja también nuestra salud.
Es importante abrazarlo y no descuidarlo.

No olvidemos que debajo de nuestra ropa,
hay un cuerpo, el nuestro.

Resumiendo la 3ª parte

1- Sigue tu intuición.
Usa tu instinto, será tu mejor aliado.

2- ¡Tómate tu tiempo para vivir !
Lo importante es hacer una cosa a la vez y sobre todo hacerla con plena conciencia.

3- Nuestras ansiedades son las pruebas de que estamos vivos, de que somos humanos.

4- No somos jueces ni justicieros.

5- Este mundo es tuyo. Tú lo interpretas.

6- No mímes a nadie en exceso.

7- Debajo de tu ropa, está tu cuerpo.

- 4ª parte -

- Es lo que hay.
- Acepto y escucho mis pequeñas dolencias cotidianas.
- No es necesario tener una opinión sobre todo.
- Haz la diferencia entre tu verdad y la realidad.
- Hay una diferencia entre alimentarse y llenarse.
- No te dejes abrumar por emociones que no te pertenecen.
- Respetar el medio ambiente significa darle vida, amarlo.

Resumen de la 4ª parte

Es lo que hay.

Es mientras atravesamos períodos difíciles que solemos explotar.
Es difícil mantener el rumbo y permanecer positivo frente a ciertos eventos dolorosos.
Hay períodos en los que todo se junta y en los que el agotamiento se hace sentir.

Sin embargo, estos períodos son muy instructivos.
Aprendemos paciencia, aprendemos a manejar situaciones complicadas, aprendemos a conocernos ante el calvario y cuando termina nos sentimos aliviados, y en algunos casos hasta orgullosos de nosotros mismos.

Un pequeño consejo para aceptar y vivir estas pruebas de la vida de la mejor manera posible:
Antes que nada, tienes que saber que cuando cambiamos nuestro plan de vida, nuestros proyectos, todo debe actualizarse. Es como una "actualización" o un "reset", y a veces los cambios pueden ser un poco violentos, pero necesarios para encajar y ponernos en armonía con nuestras nuevas energías. Es necesario para posicionarnos mejor en nuestro nuevo camino.

Entonces, que sepas que salvo en caso de drama, es imposible saber en el momento si algo es positivo o negativo. Sólo el tiempo lo dirá.
Todos hemos vivido situaciones difíciles pero que luego resultaron beneficiosas.

Un despido que nos permitió reorientarnos en una nueva profesión que nos llena de felicidad.
Un confinamiento que nos permitió reflexionar y tomar decisiones que nos cambiaron la vida.
O aún más trivial, un camión yendo lento en la carretera, que te retrasó, pero tal vez te salvó de un grave accidente.
Y por el contrario, puede que nos hayamos creído afortunados, por obtener un puesto de trabajo, por ejemplo, que resultó ser una auténtica pesadilla o que nos hizo perder otra oportunidad mejor. Y así comprendimos con el tiempo que esta "suerte" solo había sido una ilusión.

Te estarás preguntando ¿Pero a dónde quiere llegar?

Lo que trato de explicar es que no podemos saber si la prueba o la situación que atravesamos, es beneficiosa o no.
Entonces ¿por qué no aceptar la situación tal como se presenta?
¿Tal vez, tu vida está a punto de cambiar para algo maravilloso?
Depende de nosotros superar este período lo mejor posible.
Depende de ti elegir el estado de ánimo con el que harás el viaje.
Pero debes saber que, felices o no, los acontecimientos no cambiarán. Acéptalos como son y sigue tus objetivos. Y recuerda que, todo, siempre resulta beneficioso.

Acepto y soy todo oído a mis males cotidianos.

Tu cuerpo te ofrece la gran oportunidad de sanar tu mente.
A través de la enfermedad expresa el "mal callado". Refleja un conflicto, un sufrimiento interior del que no has sido consciente. Es como la "pantalla" de tu mente.

Todos los males tienen una resonancia interior. Todo lo que expresa tu cuerpo tiene un significado. Silenciarlo con medicina, sea lo que sea, sin haberlo escuchado, no solucionará el problema de fondo.

Ojo, no recomiendo no recurrir a la medicina, porque igual en algunas circunstancias te puede aliviar.
Pero no entregues tu cuerpo al médico para que te arregle el problema en tu lugar. El médico puede aliviar momentáneamente, por supuesto, pero los síntomas volverán o se desplazarán si no se detecta y se trata el desencadenante de este dolor.

No es necesario tener opiniones sobre todo.

El señor Kualkiera es un hombre corriente.
Ha trabajado durante más de 10 años en la misma empresa, pero no siempre ha trabajado en esta empresa, estuvo trabajando en muchas empresas diferentes antes de trabajar allí, y por eso siente que sabe mucho, porque tiene mucha experiencia laboral.
El Sr. Kualkiera está casado, tiene dos hijos y un perro.
El Sr. Kualkiera también tiene amigos con los que se encuentra con frecuencia.
Cuando está en comunidad, al Sr. Kualkiera le gusta intercambiar sus opiniones con las de los demás.
El problema es que no ha vivido todo, y eso es normal, así que cuando no puede confiar en su experiencia personal, se basa en experiencias que ha escuchado de una fuente confiable, ya sea de boca de un amigo sincero y honesto, en su propia experiencia o en la experiencia de su primo, si la información proviene de una persona que inspira confianza o incluso que obtuvo la información en los medios de comunicación.
El señor Kualkiera defenderá sus ideas, porque está convencido de saber la verdad...

No se trata de juzgar al señor Kualkiera, ni de entrar en paranoia por la manipulación o la desinformación.
Se trata de ver las cosas como son.

Ejemplo sencillo: encuentra a una persona con la que tengas en común, ya sea una experiencia, un lugar de vacaciones, que hayan trabajado juntos o lo que sea.

Habla con ella y verás que no necesariamente estarás de acuerdo con su visión de las cosas, te darás cuenta que sus recuerdos son diferentes. Sin embargo, esta persona es totalmente honesta contigo.
Todos tenemos, entre otras cosas, a través de nuestra experiencia y nuestro temperamento, una forma diferente de interpretar lo que vemos, lo que nos ocurre.

Cada ser es único. Así que no hagas tuyas las experiencias de otras personas.
Tienes derecho a no saber.
Escucha, mira, lee, pero no saques conclusiones apresuradas ni generalices a raíz de sentimientos de otras personas.
Aún queriendo ser lo más objetivo posible, el humano analiza la información recibida antes de transmitirla.
¿Y cómo la analiza? La analiza comparándola con su propia experiencia, lo que puede generar grandes diferencias...

Así que limita tus opiniones a aquello de lo que estés seguro y recuerda que esa es tu opinión, tu punto de vista, o sea que todo es ficción tuya, nada es exactamente como te lo creaste.

Prefiero saber que no sé,
en vez de pensar que sé,
y estar equivocada

Haz la diferencia entre tu verdad y la realidad.

Todos, o casi todos, hemos vivido en el pasado una situación difícil, incomprensible, que aún nos hace sentir enojo, malestar o tristeza.
Algunos de nosotros reprimimos nuestros sentimientos y/o encontramos razones para no estar enojados.
Otros, por el contrario, nunca perdonarán.

Tienes que aceptar estar enojado, porque es "Tu" enojo y nunca debes negar o reprimir tus sentimientos. Es tu experiencia.
Y si no puedes perdonar de inmediato, no perdones.
Lo importante es darse cuenta de que tu verdad no es una "realidad objetiva".

Es decir, en el momento en que no estabas de acuerdo con el "otro", en el momento en que te faltaron el respeto, en el momento en que te lastimaron, te descuidaron, no estabas en la mente de ese "otro", no lo estás, y nunca lo estarás.

Es imposible conocer las razones que lo llevaron a actuar de esta manera.
¿Qué percibió de esta situación? ¿Qué entendió?
¿Entendió tu situación?
¿Entendió lo que querías?
¿Supo cómo te sentiste?
¿Qué reflejó esta situación para él?

Con demasiada frecuencia nos equivocamos porque juzgamos, cuando no tenemos la capacidad real para hacerlo.

¿Y por qué no podemos juzgar correctamente?
Sencillamente porque somos seres dotados de sentimientos, y son estos mismos sentimientos los que nos impiden ser objetivos.
Como mencioné anteriormente, es imposible ser objetivo y menos en temas que afectan nuestro ser.

Aquí está el resumen de un estudio que leí hace unos diez años pero que define perfectamente este párrafo:

Para optimizar al máximo un análisis, el objeto de análisis debe ser tomado en su individualidad, en su totalidad e incluso dentro de varios grupos. Debemos aceptar la imposibilidad de hacer un análisis desde todos los ángulos porque no tenemos conocimiento de todos "estos ángulos", siendo infinitas estas posibilidades, en cualquier caso muchos elementos resultan inútiles.

No es lo mismo comer que llenarse.

¿Tienes la molesta tendencia a atiborrarte?

¿Sabes que subconscientemente llenas tu interior de comida para llenar un vacío?
¿Qué es lo que quieres compensar? ¿Por qué sientes este vacío?
¿Tu ser no es suficiente para ti?
¿O es no tener idea o poca conciencia de quién eres?
Esto es para todas las personas que comen sin saber muy bien por qué.

Al principio, requerirá un poco de esfuerzo de tu parte reducir tú mismo las cantidades de alimentos durante las comidas.
Establece una regla: No repitas.
Puede ser difícil durante las primeras dos o tres semanas, por lo que es importante hacerlo a su propio ritmo y escuchar a tu cuerpo.
Compensa mimándote, llena el vacío dándote un gusto, un buen baño, una buena lectura, un masaje, un juego, una buena película, haz lo que más te apetezca y mejor te conviene.
Y no te desanimes, porque rápidamente verás que reconectarás con tu verdadera necesidad personal, y tu apetito se irá moderando poco a poco.

Si te mantienes atento a lo que tu cuerpo te dice, él mismo se encargará de guiarte en tus necesidades diarias.
No más antojos de picar todo el tiempo.
No más comidas en las que sientes que vas a explotar.

Tu cuerpo se siente mejor, más ligero, vigorizado y más capaz de hacer frente a las agresiones externas.

Al respetar tu cuerpo, te respetas a ti mismo
y tu mente te lo agradecerá.

¿Sabes que para limitar el envejecimiento de tu cuerpo, no debes comer nada al menos 6 horas antes de irte a dormir?

Por mi parte, después de mis dos embarazos en los que engordé 50 kg en el primero y 40 kg en el segundo, es gracias al ayuno intermitente que recuperé mi peso inicial en 6 meses.
Y esto, sin demasiado esfuerzo, porque comía de todo en mis horas sin ayuno.

No te dejes abrumar por emociones que no te pertenecen.

Diferencia entre tus sentimientos, entre lo que te afecta directamente y lo que le pasa a los demás.

Da un paso atrás y analiza la situación.
Sentir el sufrimiento del otro no aliviará a la persona afectada por la desgracia. Además, no sabes realmente cómo el otro experimenta este sufrimiento.
Por ejemplo, a veces me veo sufriendo por una situación que debe enfrentar mi hija, y al poco tiempo me doy cuenta que para ella la situación no fue tan dolorosa. ¿Para qué sufrir entonces?

Todos tienen su propia vida, todos tienen sus propios sentimientos.

No quiere decir que no tengas corazón porque no sufres por los demás, puedes empatizar sin que todo tu cuerpo sufra, puedes vivir las situaciones desde fuera.

Respetar el medio ambiente significa revelarlo, darle vida, amarlo....

Me parece una lástima que tengamos que llegar a casos extremos y temer por nuestro futuro y el de nuestros descendientes para por fin actuar.

Amemos nuestra tierra, en lugar de respetarla por temor a represalias, ya sean meteorológicas (catástrofes naturales) o incluso financieras (multas).

Nuestro planeta es una bola de energía, nos representa, representa la vida. Es la vida, ¿y quién sabe?
¿Tal vez también necesita amor para existir? Y el amor se demuestra con respeto.

Debemos respetar nuestro planeta, así como los diferentes elementos que lo hacen próspero y acogedor. Pero tenemos que hacerlo porque lo amamos, porque él es parte de nosotros.

Respetarlo es respetarse a uno mismo.

Sería una pena respetarlo solo porque estamos obligados a hacerlo.
En primer lugar porque hacerlo por obligación no nos devuelve nada positivo, mientras que hacerlo por amor y con ganas es mucho más gratificante para él, como para nosotros.

Resumiendo la 4ª parte

1- Es lo que hay. Acepta las cosas como son.

2 - Acepto y escucho mis pequeñas dolencias cotidianas porque me guían hacia mi salud completa.

3 - No es necesario tener una opinión sobre todo.

4 - Yo hago la diferencia entre mi verdad y la realidad.

5 - Hay una diferencia entre alimentarse y llenarse.

6 - No te dejes invadir por emociones que no te pertenecen.

7 - Respetar el medio ambiente significa revelarlo, darle vida, amarlo….

- 5ª parte -

- ¿Por qué dar importancia a las palabras de personas por las que no tenemos estima?
- Para evolucionar, también hay que saber mirar atrás.
- Es bueno dar las gracias.
- No te reveles por completo con demasiada facilidad.
- Estar en armonía con tu entorno.
- Haz pequeños ejercicios diariamente.
- Simplifica tu vida, deja de torturarte.

Resumen de la 5ª parte

¿Por qué dar importancia a las palabras de personas por las que no tenemos estima?

Ejemplo simple, que tendrá sentido para muchos.
Tu supervisor se ha desacreditado contigo al cometer errores graves, al ser incorrecto, al faltarte el respeto...
Esta persona ya no debería tener importancia para ti.
Entonces ¿Por qué te sigue afectando sus ataques?
¿Porque te duelen sus palabras?
¿Qué sucede contigo?
¿Qué te devuelve esta persona?
Sus palabras deben resbalar sobre ti sin tener acceso a tu ser. Y si te animas, podrías hasta, aprovecharlas para crecer pero sin dejar que te hieran.

¿Le darías la llave de tu casa a un desconocido ?
¿No? Pues es igual, no dejes entradas a sus palabras.

En este tipo de situaciones no siempre es fácil cuestionarse a sí mismo, porque el comportamiento del "otro" puede llegar a ser tan grosero u ofensivo que nos puede dar la sensación que el problema viene solamente de él. Lo cual tampoco es del todo falso, porque para ser grosero uno tiene que ser infeliz, pero ese es su problema y no el tuyo, no puedes hacer nada por él.

Lo que sí, siempre puedes hacer, es :

- Estudiar porque te dice tal cosa, y si puedes mejorar, mejora.
- Reflexionar sobre el porque te afectó sus palabras.

Tu dificultad será lograr liberarte del agarre que esta persona tiene sobre ti.

Puede que intentes evadir el problema, intentando ser paciente, esperando a que las cosas evolucionen por sí solas o eligiendo mantenerte lo más lejos posible de esta persona. ¿Solución alterna? No creo.

Porque si no puedes aceptar esta situación, si no puedes saber y comprender qué es lo que te pone en dificultad, corres el riesgo de volver a enfrentarte a esa situación una y otra vez.

Acepta que no le gustas a todo el mundo. Acepta que no todo el mundo ve las cosas como tú las ves. Acepta que no siempre estamos de acuerdo contigo, que no vemos las cosas como tú las ves. Acepta la diferencia, sé tolerante.

¿Habrá lugar sólo para seres perfectos?

¿Quién soy yo para decidir quién debe estar en este o aquel lugar?

¿Debe el mundo girar a mi alrededor?

¿Los demás me hacen ser quien soy?

Es más fácil esperar el cambio que venga de afuera
que cuestionarse a sí mismo
y aceptar las cosas como son.

Para evolucionar, también hay que saber mirar hacia atrás...

No hablo de una mirada melancólica o nostálgica hacia atrás, sino de una mirada constructiva al pasado. Tienes que aprender de tus experiencias.
Además, aprendemos mucho mejor de nuestras propias experiencias que de las de los demás.

Todos, al menos una vez, hemos ignorado las advertencias de nuestros ascendientes y hemos aprendido por nosotros mismos.
Fue después de quemarnos que empezamos a prestar atención a las fuentes de calor. Fue después de caer que atamos nuestros cordones.
Errores, todos los hemos cometido, lo importante es aprender de ellos e intentar no volver a repetirlos.

Mirar hacia atrás hará que todas esas malas experiencias te sean útiles.

Aprovecha para repasar todas las cosas bonitas que has hecho. No hay nada de malo en disfrutar de tus éxitos también.

Siempre viene bien dar las gracias.

Y aquí, no estoy hablando de educación.
Todos hemos escuchado la famosa frase:

" - ¿ Qué se dice ?"

Todos hemos pronunciado un "gracias" de manera automática sin pensarlo tanto. Hasta hay veces en las que ni sabemos por qué estamos agradeciendo.

En este capítulo quiero tratar del verdadero "gracias", el que sentimos desde dentro, el que sale de lo más profundo de nosotros cuando nos damos cuenta de nuestra suerte, nuestra felicidad. El "Gracias" inspirado de cual sea el acontecimiento, un bonito gesto, un intercambio generoso, un encuentro hermoso, algo que nos hace sentir bien, y, mientras saboreamos ese sentimiento de felicidad, nos invade una energía positiva.

Eso lo noto a diario, cuando agradezco sinceramente ya sea a un dios, a un familiar, a un extraño o a una situación.
En mí se abre y se difunde algo positivo. La reacción es casi inmediata, me llena de una energía positiva, una energía que me permite seguir adelante con alegría.

Para empezar, muestra gratitud cuando hayas tenido un buen día, un buen momento. Muestra gratitud cuando la vida te sorprende gratamente. Muestra gratitud por tu felicidad diaria, en la noche antes de

irte a dormir y luego en la mañana cuando te despiertes.
Poco a poco verás que "agradecer" se convertirá en una reacción totalmente natural para ti.
Agradece tantas veces como puedas, verás que te sentirás transportado, ligero... Sentirás el bienestar fluyendo en abundancia en de ti, entonces una sonrisa aparecerá naturalmente en tu rostro.

¿La vida te hace sonreír? Misión cumplida.

Digo "misión cumplida" porque el mero hecho de sentirse bien es un gran éxito. No necesitamos ser recompensados de ninguna otra forma, y aquí me refiero a "material", que con felicidad.
Creo en la ley de la atracción y en la fuerza de la energía "positiva" porque he comprobado por mí misma que es una realidad.

Pero ojo, no olvides que esta actitud sólo es beneficiosa si no se utiliza con el único fin de poseer más u obtener algo. Tienes que agradecer de corazón sin esperar nada a cambio.

Creo profundamente en el poder infinito del Amor.

No te reveles por completo con demasiada facilidad.

Sin querer generalizar, la mayoría de nosotros necesitamos saberlo todo, o más bien, tener la convicción de que así es.
Necesitamos pensar que sabemos con quién tratamos.
Es una costumbre tranquilizadora porque lo desconocido asusta.
Desgraciadamente, no hablo de conocimiento o cultura general, sino de curiosidad camuflada.
Nos tranquiliza, nos da seguridad saber qué nos rodea.
Constantemente necesitamos situarnos, compararnos para evaluarnos, lo cual es un gran error que además nos hace perder de vista nuestra propia persona.

Soy más... o menos... que él.
También resalto que cuando te reveles a los demás, ellos interpretarán tu historia, interpretarán tus palabras a tal punto que ya no será tu historia sino la de ellos. Porque hay que saber que cada uno de nosotros interpreta lo que vemos, tocamos, olemos, saboreamos y escuchamos.

De hecho, al igual que una computadora, y perdona mi comparación, analizamos todo lo que percibimos. Y para analizar utilizamos nuestras propias herramientas, es decir, nuestras experiencias, por supuesto ligadas a nuestra personalidad, a nuestro pasado y como ninguno de nosotros experimentamos las mismas experiencias, de la misma manera...
Imagina lo que eso puede dar como resultados...

Así que nunca esperes del otro que entienda cómo tú entiendes.

Pero no nos desviemos del tema principal.
Al permanecer misterioso, vas a privar al "otro" de una herramienta, la "información personal", que le impide practicar un ejercicio que se ha vuelto casi existencial, pero que compromete los datos, "juzgar".
Al no revelarle todo, naturalmente te vuelves más interesante y el oído que te prestaremos estará mucho más atento porque al tener pocos elementos de información, estará menos parasitado por su análisis personal de la situación.

Si crees que tu vida tiene que estar de acuerdo con la vida de otras personas, o peor aún, que tus ideas tienen que agradar para ser aceptadas, estás equivocado y necesitas desarrollar una voz más personal, porque al parecer la tuya se ha atrofiado demasiado por el miedo.
No es sano querer corresponder a los criterios de los demás. La inseguridad puede jugarte una mala pasada si te comparas con los demás o con lo que se supone que es correcto.
Solo puedes ser feliz si empiezas a escuchar tu propia voz.

Cada persona es un mundo en sí mismo, por lo que no tiene sentido compararse con "el otro".

Estar en armonía con tu entorno.

"La ley de la atracción" o "la energía del pensamiento positivo" no puede funcionar y complacerte si no te cuestionas constantemente, porque es haciendo preguntas que aprendemos a conocernos y evolucionar.

No estoy hablando de torturarte a ti mismo constantemente, sino de permanecer abierto a lo que la vida quiere mostrarte, enseñarte.

Debes comprender que todo lo que te rodea resulta de tu propia visión e interpretación. Estas personas, estas situaciones están para hacerte avanzar, para hacerte evolucionar. Las percibes desde tu punto de vista, desde tu propia experiencia, pero sobre todo las percibes a tu manera, a través de tu forma de analizar.

Agregaría que si buscas bien, encontrarás un vínculo entre lo que culpas al "otro" y lo que quizás tengas que culparte a ti mismo o del que te culpas inconscientemente.

Y no te sorprendas, si tienes la crítica fácil, de ser criticado a tu vez. Recibes lo que das.

Lo que sientes desagradable apunta a lo que aún tienes que aprender, ya sea una lección que tienes que comprender de esta situación, ya sea tu amor (o pensamiento positivo, que en cualquier caso obviamente resulta del amor) que se pone a prueba, o ambos.

Así que antes de aventurarte a criticar o juzgar “al otro”, piensa bien a qué se refiere.

No perderás el tiempo y vivirás en paz.

Haz un poco de deporte diariamente.

Dedícate, cada día, un poco de tiempo, ya sean 5min, 10min, 15min o más según tu deseo y según tus disponibilidades.
Hazte un pequeño programa.
Si nunca has practicado deporte, inspírate en revistas, libros, videos, entrevistando a familiares o incluso documentándote en Internet.

Lo importante es que el tipo de ejercicio que elijas se adapte a ti, que esté a tu nivel, para que mantengas este programa en el tiempo.

El tiempo que le dediques también debe encajar en tus horarios, no prepares un programa de una hora si no te lo puedes permitir todos los días, así no tendrás excusa para no hacer tus ejercicios.

Para algunos serán solo unos pocos estiramientos, para otros estará asociado con un poco de esfuerzo, y para los más atléticos será un programa que te hará sudar y mucho.

La idea es que cada día tomes conciencia de tu cuerpo, de tus posibilidades.

Hay 3 grupos de actividades.

- La resistencia requiere la intervención de todos los músculos. Sin embargo, el efecto sobre los músculos es mínimo mientras que es muy grande sobre la aceleración de la circulación, la eliminación de toxinas y la absorción de oxígeno.

- Los estiramientos aumentan el rango de movimiento alrededor de las articulaciones y ayudan a relajar los músculos.

- Los ejercicios de fuerza mejoran la fuerza y la postura, fortalecen los huesos y ayudan a prevenir ciertas enfermedades.

Debo reconocer que personalmente tengo una fuerte aversión al deporte. No soporto el esfuerzo. Me gusta mucho el yoga, pero hasta para esto siempre encuentro excusas.
En definitiva, hice un descubrimiento, que en realidad no es un descubrimiento porque otros lo han descubierto antes que yo.
Practico el deporte mentalmente.
Es decir, me imagino haciendo series de abdominales-glúteos. Me tomo un poco de tiempo para mí, e imagino mi cuerpo en medio de una sesión deportiva, imagino el movimiento, siento cada uno de los músculos trabajados, imagino el esfuerzo y la dificultad.
¿ Y sabes que? Funciona.
Es un farol, pero realmente obtengo resultados.

Simplifica tu vida, deja de torturarte.

¿Es porque tenemos más opciones que nos resulta más difícil tomar una decisión, o es precisamente porque tenemos deseos cada vez más diversos y variados que se nos ofrecen tantas opciones?

El caso es que todos los días perdemos tiempo para tomar decisiones.
¿Qué voy a preparar para comer? ¿Cómo puedo vestirme? ¿Qué película voy a ver? ¿Qué música quiero escuchar? Y ni quiero hablar del tiempo perdido en los supermercados...

Seamos realistas, nos hemos vuelto exigentes, pero no sabemos muy bien lo que queremos. ¿Un poco complejo, no?

Simplifica tu vida, deja de torturarte, simplemente pregúntate:
¿Qué es lo mejor para mi bienestar? Y elige lo primero que te venga a la mente.

Aprende a cuestionarte y confiar en ti mismo.
Al principio puede parecer un poco curioso y complicado, porque seguro que no estás acostumbrado a preguntarte qué es lo que quieres y sin embargo es tan obvio, una vez te acostumbres no podrás prescindir de esa costumbre. Todo se volverá mucho más simple.

También será una forma de respeto que te demostrarás a ti mismo.
El comienzo de una hermosa relación contigo mismo.

Confía en ti mismo, confía en tus instintos,
en tu intuición.

Resumiendo la 5ª parte.

1 - ¿Por qué valoramos las palabras de personas que nos faltan el respeto?
¿Le darías la llave de tu casa a un desconocido?

2 - Para evolucionar, también hay que saber mirar hacia atrás.
Errores, todos los hemos cometido, lo importante es aprender de ellos e intentar no volver a repetirlos.

3 - Siempre viene bien dar las gracias.
Sentirte agradecido te mantendrá positivo.

4 - No te reveles mucho. Deja que un pequeño misterio te rodee, tus ideas, tus formas de pensar, tu personalidad...

5 - Quédate en armonía con tu entorno.
Sé atento a lo que la vida te quiere enseñar.

6 - Haz pequeños ejercicios todos los días.

7 - Simplifica tu vida, deja de torturarte, hazte preguntas sencillas y elige lo primero que se te ocurra.

- 6ª parte -

- Alumbra tu camino.
- Ese sentimiento no es tuyo.
- ¿Las cosas no son siempre lo que parecen?
- El "otro" es como tu espejo.
- ¿Quién soy ?
- Escucha los comentarios de tus seres queridos.
- Hazte preguntas.

Resumen de la 6ª parte

Alumbra tu camino.

Imaginemos que caminas en la oscuridad con la ayuda de tu lámpara. ¿En qué dirección iluminas tu camino?
¿A tu izquierda? ¿A tu derecha? ¿Detrás? ¿Delante?

Cuando conduces tu coche, tu moto, tu bicicleta o incluso cuando caminas, ¿hacia dónde miras?

Seguramente habrás notado que si giras la cabeza, tiendes a salir de tu trayectoria, ¿verdad?

Pues exactamente lo mismo pasa con tus proyectos, con tu futuro. Si no sabes a dónde quieres ir, o si piensas en algo diferente a tu meta, tu trayectoria se ve alterada.

Es importante tomar tus decisiones en base a lo que deseas, tomar tus decisiones con el corazón, y nunca cambiarlas según tus miedos. (A menos, por supuesto, que sea peligroso)

El problema de dejar que nuestros miedos se apoderen de nuestros sueños es que pensamos en ellos, y si pensamos en ellos tomamos el camino que nos lleva a ellos.
¿Eres adivino? Si es así, ¿estos temores provienen de tus visiones o simplemente son causados por tu sistema ansioso?

Y si no tienes la suerte o la mala suerte de predecir el futuro, ¿por qué agonizar con pensamientos totalmente inventados por tu mente? ¿Por qué pensar

negativamente y enfermarte, si tus ansiedades son solo un producto de tu imaginación?
¿Por qué en este caso no crear completamente lo contrario de tus miedos? ¿Por qué no ignorar tus miedos, o mejor aún, crear una creencia de éxito?
¿Por qué limitarte cuando nada está definido?

Mi experiencia personal, con esta forma de pensar para avanzar en mi vida hacia mis sueños, me ha demostrado en innumerables ocasiones que funcionaba con éxito. Mi gente podría confirmarlo. He logrado tanto en tan pocos años. También he conocido a tanta gente que funcionaba así quién podría confirmar lo que estoy diciendo.

Créeme, la única persona que te limita y te frena no es otro que tú mismo. Ninguna excusa es válida, porque tus pensamientos son tuyos y nadie puede obligarte a pensar de una forma u otra, ni a mirar en otra dirección.

Ese sentimiento no es tuyo.

A veces, la visión de una persona disfrutando de una determinada situación o con algo que nos disgusta, aunque vaya completamente en contra de nuestra moral, puede, sin embargo, hacernos sentir excitación, placer, deseo.
No tengas miedo, no es necesariamente la vista de esta situación lo que te hace sentir emocionado. Tu cerebro capta más allá de lo que esta situación pueda parecer a primera vista.

Solo eres receptivo al placer del "otro".

¿Alguna vez has probado un plato, solo porque la mera vista de alguien disfrutándolo te dio ganas de hacerlo?

Pues así es tu mente y a veces es muy sorprendente.

Las cosas no son siempre lo que parecen.

Cuando mis sentimientos me tientan a emitir un juicio sobre una persona cuando su comportamiento es, a mi gusto, desagradable, trato de encontrar una razón positiva que pueda justificar el comportamiento en cuestión.
Y siempre encuentro por lo menos una, lo que me permite confirmar, que juzgar a una persona es completamente subjetivo y el resultado es necesariamente erróneo.

Siempre hay diferentes razones que pueden justificar un acto.
Encuentra al menos dos razones. Por supuesto siempre es posible encontrar razones que solo empeorarían la situación, pero ten en cuenta que estas razones son una vez más, producto de tu imaginación, así que intenta pensar de manera más positiva y encuentra razones que justifiquen tal acto. No para excusar a la persona, sino para ayudarte a sentirte mejor, a aceptar mejor la situación. Porque repito, lo que importa es simplemente tu bienestar.

Este ejercicio te ayudará a tomar conciencia de la subjetividad de cualquier juicio.

Pruébalo, verás que realmente vale la pena. Porque una vez que te acostumbras, finalmente puedes liberarte del estrés y la incomodidad que causan tales pensamientos.

No cometas el error
de juzgar,
y menos de creer en tu juicio.

El otro es tu espejo.

Lo que reprochamos a los demás corresponde a algo que tenemos dentro de nosotros.
Es fácil de decir, un poco menos de explicar, aún menos de entender y aún más difícil de aceptar.

Piensa cuidadosamente acerca de lo que culpas a otras personas.
Este miente, este es caprichoso, ese es mezquino,... Pueden parecer simples observaciones pero en general esto nos remite a una actitud que pudimos haber tenido en un momento dado, e incluso que aun al día de hoy tenemos, pero de otra manera, en otro nivel, en otras circunstancias, en otros temas. Y a veces es muy difícil percibirlo según la forma en que lo hacemos. Pero al mirar detenidamente y ser honesto contigo mismo, comenzarás a establecer una gran conexión entre tu comportamiento y lo que sientes que te están haciendo.

Debemos aceptar que lo que culpamos a los demás es en parte un reflejo de nuestra propia forma de ser y de existir.
"Mi jefe es demasiado exigente", ¿no eres así, con el trabajo de tus albañiles?
"Mi esposo no puede lavar los platos correctamente", ¿Tu haces todo a la perfección?
"Mi mujer se vuelve loca cuando hablamos de este tema", ¿No tienes temas que te vuelven loco?

"El vecino es ruidoso", ¿Eres realmente el rey del silencio en todas las circunstancias? ¿O alguna vez has molestado a alguien de alguna manera?
Cada quien a su nivel...

Cuando algo te molesta, un comportamiento, una reacción, unos malos modales, etc... Antes de emitir ningún juicio (si es que lo sigues haciendo), comprueba que tú mismo eres irreprochable. Porque no se puede ver o sentir nada que no sepamos, lo cual significa que esta situación que te inquieta, no te es totalmente ajena...

Este mundo en el que vives, estoy hablando de este mundo interior que siente todo a tu manera, solo evolucionará a medida que evoluciones.
Acepta tus propios errores porque aceptarte como eres te ayudará a aceptar mejor a los demás, y al aceptar mejor a los demás, vivirás en paz.
Sé tolerante con lo diferente.

No te imaginas todo el tiempo que pierdes emitiendo juicios negativos.

De nada sirve autoflagelarse, pero el cuestionamiento puede ayudar a vivir mejor.
Lo que vemos está destinado a ayudarnos a evolucionar, a condición de no elegir el camino fácil, permitiéndonos culpar sistemáticamente a los demás...

Es muy difícil amar cuando no te amas a ti mismo.

Pero, ¿Cómo amarte si no te conoces?

Para empezar, presta más atención a lo que puedes ver a tu alrededor, a lo que percibes de los demás. Recuerda, reflejan un aspecto de ti mismo. Y esta fuente de información puede ser muy interesante. Es una buena manera de comenzar a conocerte, ¿verdad?

El poco amor que te tienes se proyecta en el otro, porque es más fácil culpar a un tercero que corregirte a ti mismo.

¿Quién soy ?

Llegar a conocerse es difícil.
Es como todo, para hacerlo bien, hay que tomarse su tiempo...
Cuando conoces a alguien, el primer día no sabes mucho sobre la persona, sus gustos, como es... Pero el tiempo y los acontecimientos hacen que días tras días, meses tras meses, años tras años, lo conozcas. Eso toma tiempo…
Así que cuando empiezas a interesarte en ti mismo, no imagines que será más fácil ni más rápido. Sobre todo porque tienes tus propios requisitos... Quieres o crees ser una buena persona, quieres o crees ser listo, inteligente, quieres o crees saberlo todo, o casi...

¿Eres exigente?
Pues por algo uno empieza a conocerse.
Es un buen comienzo.

No esperes descubrirte grandes aficiones, grandes pasiones en cuanto empieces a interesarte por ti.
Tu ser puede no ser tan emocionante como lo habrías imaginado.

Para empezar, puede que simplemente te guste sentarte durante 20 minutos a leer un poco, o dar un pequeño paseo diario o incluso no hacer nada, sino simplemente descansar. Y tendrás que aprender a conformarte con este pequeño avance. Solo tienes que estar más atento a lo que te gusta y esperar a que las cosas vengan solas. Constrúyete a ti mismo, haz planes.

No seas demasiado exigente contigo mismo, con tus deseos, porque es posible que no necesites hacer grandes cosas para florecer, así que confórmate con lo que te toca.

Aceptate tal y como eres.

Escucha lo que tus seres queridos te dicen.

Aunque a veces pueden ser un poco con falta de tacto. Convierte las críticas que te hacen tus seres queridos en algo constructivo.
De hecho, aunque sea difícil aceptar que otra persona te esté juzgando, y aunque no tenga por qué hacerlo. En determinadas situaciones puede darte su opinión o aconsejarte. Y ahora que está hecho, depende de ti hacer que "este comentario" sea constructivo, puede serte muy útil.

Acepta lo que tienen que decirte, son sus opiniones. A veces viene bien saber lo que los que amamos piensan de nosotros.
Más que todo, ya está hecho entonces, mejor hacer de esa opinión algo útil.

Nos recuerda que aún podemos ser mejores.

Hazte preguntas.

¿Qué estoy haciendo yo mismo, a mi nivel, por mi familia, por mis amigos, por los demás?

¿Qué estoy haciendo, yo mismo, a mi nivel, por el planeta?

¿Qué estoy haciendo yo mismo, a mi nivel, para que cambie lo que me disgusta?

¿Qué estoy haciendo, a mi nivel, por...?

Siempre que tengas la oportunidad, cuando una situación o alguien te molesta. Esto te permitirá hacer un balance de ti mismo.

Cuando tengas dudas sobre una decisión por tomar, no dudes en hacerte la pregunta en voz alta.
Tu subconsciente te responderá.

Vale para todo:
¿Cómo funciona y de donde proviene el sistema solar?
¿ Y las mareas? ¿ Por qué bostezar se contagia ?...
En este caso verás que, curiosamente, siempre hay un elemento externo que vendrá a traerte una respuesta. Un anuncio, un artículo de periódico, una conversación espontánea e inesperada...

Todavía quedan muchas cosas por descubrir.

Mientras usemos un vocabulario subjetivo para hablar sobre la actividad cerebral y un vocabulario naturalista para hablar sobre el cuerpo, no podemos vincular los dos.

Lo dejo ahí, para que lo vayas meditando

Resumiendo la 6ª parte

1- Alumbra tu camino. Mira por donde vas. Mira hacia tus sueños.

2- No todo lo que sientes es sentimiento tuyo.

3- Si no te quieres equivocar, no juzgues.

4- El "otro" es tu espejo.

5- Aprender a conocerse lleva tiempo.

6- Ya que sabes lo que piensan de ti, úsalo.

7- Hazte preguntas.

- 7ª parte -

- ¿Por qué gritar cuando “el otro” no es sordo?
- Toma conciencia de cada parte de tu cuerpo.
- Sin esfuerzo, no hay reposo.
- Predicar con el ejemplo.
- Los tres tamices: la veracidad de los hechos.
- La energía positiva existe y es más poderosa que la energía negativa.
- Tener fe en la vida.

Resumen de la 7ª parte

¿Por qué gritar si no es sordo?

No es necesario gritar para transmitir tu mensaje, porque gritar demuestra que has perdido el control.
¿Control de qué?
¿Por qué quieres tener el control?
Solo parecerás desequilibrado. ¿Y quién va a escuchar lo que una persona tiene que decir en una situación así?

Imaginemos que estás hablando con una persona que de repente se encuentra al borde de un precipicio, pierde el equilibrio y, justo cuando está a punto de caer, te dice algo que no tiene nada que ver con la situación. ¿Realmente vas a prestar atención a lo que te va a decir o te vas a distraer por la urgencia de la situación?

Gritar te desacredita, sé creíble
porque la credibilidad
es la fuerza de tu mensaje.

Ejercicios para tomar consciencia de cada una de las partes de tu cuerpo.

Acuéstate de manera simétrica y cómoda, teniendo cuidado de alinear el cuello con la columna vertebral.
Deja caer los pies hacia afuera y gira las muñecas para que las palmas de las manos miren hacia el techo.

Imaginando que te has transformado y que ahora eres un pequeño personaje que está explorando dentro de ti. Recorre con tiempo las diferentes partes de tu cuerpo. Empezando por los pies, luego los tobillos, las pantorrillas, las rodillas y los muslos. En el camino, toma conciencia de tus músculos y articulaciones y deja que se relajen. Visualízate por dentro, averigua que todo va bien y deja a tu paso un polvito mágico sanador de paz y tranquilidad.
Sube poco a poco, miembro por miembro, el vientre, el pecho, visitando cada uno de tus órganos, estómago, páncreas, pulmones, intestino, hígado.... Haz lo mismo con tus manos, tus dedos, tus muñecas, antebrazos, codos hasta los hombros. Luego toma conciencia de tu espalda y deja que se relaje.

Cuando tus miembros estén relajados, sé consciente de tu rostro.
Traga saliva para desatar el nudo en la garganta. Deja que tus labios, tus mejillas, las alas de tu nariz y tus párpados, que están cerrados sin contraerse, que se relajen.

Imagina tus sienes deslizándose hacia tus orejas y tu frente alisándose. Relaja tu cerebro.

Entonces tu cuerpo está perfectamente relajado y tu respiración se ha ralentizado por sí sola. Deja que los pensamientos que puedan surgir en tu mente circulen, que fluyan, sin prestar atención a ninguno de ellos y disfruta de este estado de relajación.

Cuando desees parar con este ejercicio, respira profundamente, respira hondo, 3 veces, bosteza y estírate bien antes de volver a sentarte.

Sin esfuerzo no hay reposo.

"Tienes que trabajar duro para descubrir los placeres de la vida."

Suena como una condena, pero no lo es, solo es una observación. No hablo de méritos, hablo de aprender a valorar.
Tomamos el ejemplo de una persona a la que todo le estaría dado sin ningún esfuerzo por su parte.
Por ejemplo, y no trato aquí de los casos de enfermos claro: si, le serviría en la cama todos los días, trayéndole todo en una bandeja, sin que ella siquiera lo pidiera, sin siquiera tener la oportunidad de quererlo.

¿Cómo podría una persona estar satisfecha con este tipo de vida? ¿Cómo podría estar satisfecha cuando no conoce el esfuerzo? ¿Cuando no conoce el deseo?

El esfuerzo conduce, entre otras cosas, al descubrimiento de sentimientos, placeres, satisfacciones, emociones, deseos.
Nos empuja a descubrirnos a nosotros mismos.

No todo puede venir siempre de fuera, no todo puede llegar de los demás. Si no damos nada, si no hacemos nada por lo qué queremos, nada llegará.

Imagínate, lo aburrido que sería tenerlo todo sin tener el tiempo de necesitarlo, y sin ni siquiera hacer el menos esfuerzo…

Predicar con el ejemplo.

Por ejemplo, desafortunadamente, hay más personas que consideran corromper, o robar ideas para obtener lo que quieren. Que intentan ganar dinero eludiendo una ley o aprovechándose de una ventaja que no les corresponde para pagar menos impuestos que personas deseando sinceramente el éxito económico de su país.

"Haz lo que digo, no lo que hago"

Así que no nos sorprendamos si la economía va mal, si los políticos son corruptos.
Ellos nos representan...
¿Por qué te permites ciertas desviaciones, si no aceptas las de los demás?
Incluso si tus actos deshonestos no son nada comparado con lo que personas con más poder hacen, no creas que eso significa que tú eres mejor que ellos.

Cada quien actúa a su nivel...

La mentira de un niño puede parecer ridícula al lado de la mentira de un adulto. Puede parecer menos importante porque la mentira de un niño no suele afectar a gran escala.
Pero eso no convierte la mentira en verdad.
Una mentira sigue siendo una mentira.
¿No vas a regañar a tu niño que se comió dulces a escondidas cuando sabe muy bien que no puede hacerlo?

Claro, a los 3 años no va a robar un coche…
Cada uno a su nivel...
Tampoco digo que un niño que roba dulces robará un auto, no es eso a lo que voy, porque mientras va a ir creciendo va a recibir educación, habrá aprendido ciertas reglas básicas, solo digo que la escala de nuestras acciones va en acuerdo con el poder que tenemos y a lo que tenemos acceso.

Los tres tamices (de Sócrates)*

Un hombre fue al encuentro de Sócrates llevándole al filósofo una información que juzgaba de su interés:

- ¡Quiero contarte una cosa al respecto de un amigo tuyo!

- Espera un momento – le dijo Sócrates – Antes de contarme, quiero saber si hiciste pasar esa información por los tres tamices.

- ¿Tres tamices? ¿Qué quieres decir?

- Vamos a tamizar lo que me quieres decir. Debemos siempre usar los tres tamices. Si no los conoces, presta mucha atención.

- El primero es el tamiz de la VERDAD. ¿Tienes la certeza de que eso que me quieres decir es verdad?

- Bueno, fue lo que oí que otros contaron. No sé exactamente si es verdad.

- El segundo tamiz es el de la BONDAD. Con certeza, debes haber pasado la información por el tamiz de la bondad. ¿Lo que me quieres contar es algo bueno?

Avergonzado, el hombre respondió:

- Debo confesar que no.

– El tercer tamiz es el de la UTILIDAD. ¿Pensaste bien si es útil lo que me quieres contar al respecto de mi amigo?

– ¿Útil? En realidad, no.

Entonces, le dijo el sabio: Si lo que quieres contarme no es verdadero, ni bueno, ni útil, entonces es mejor que lo guardes solo para ti.

*Encontrado via Google

Mi verdad sobre la energía positiva.

El hecho de que sea más fácil tener un pensamiento negativo que un pensamiento positivo, atestigua, para mí, que el pensamiento positivo está cargado de una energía más poderosa, más densa, que el pensamiento negativo. Y es porque su calidad es diferente, que su acceso tiene que tener su merecido.

En efecto, a primera vista, si no le prestas atención, siempre es más fácil dejarte deprimir, criticar, juzgar... Mientras que hay que armarse de fuerza para poder ser positivo, para ver el lado bueno de las cosas y mejorar.
Esta es una prueba para mí de que la energía positiva existe y que es más poderosa que la energía negativa.

Date cuenta, por ti mismo, observando lo que sucede a tu alrededor.

¿No conoces a nadie a tu alrededor que constantemente se queja y nunca ve nada positivo?
¿Qué suele pasarle? ¿Cosas buenas?

¿Conoces a una persona afortunada?
¿Cómo se comporta? Analiza su forma de pensar, su comportamiento.

Ojo, no confundas. Una buena persona no necesariamente tiene una actitud positiva. Y por el contrario, una persona mala no tiene que ser particularmente negativa.

Ten fe en la vida.

Debemos tener fe en la vida, es decir, creer en ella, no dudar de las situaciones en las que nos pone, no dudar de lo que nos presenta, de lo que nos hace vivir. Tener fe es también confiar en una creencia sin tener prueba de ello. Lo que nos sucede tiene la intención de hacernos evolucionar, nada sucede por casualidad y ninguna experiencia es inútil.
Las experiencias son todas enriquecedoras de una forma u otra, y si las sabes tomar por el lado correcto, si las volteas a tu favor, pueden serlas aún más.

Este ejercicio puede llevar tiempo ponerlo en práctica. Nos cuesta aceptar ciertos acontecimientos y nos cuesta sacar de ello un aspecto constructivo y positivo, pero no te rindes. El tiempo te lo aclarará.
Para algo será.

¿Y sino qué?
No cuesta nada intentarlo, ¿verdad?
Que yo tenga razón o no la tenga, el hecho de confiar en la vida te hará la vida más agradable y eso es lo que importa. ¿o no?

Resumiendo la 7ª parte

1- No es porque gritas o hablas mas fuerte que te van a entender mejor. Al contrario, tu mensaje pierde credibilidad.

2- Toma consciencia de cada una de las partes de tu cuerpo. Te ayudará a respetarlo.

3- Sin esfuerzo no hay reposo. Ve en busca de lo que quieres.

4- Sé un ejemplo a seguir.

5- Los tres tamices: que sea verdad, bueno y útil.

6- La energía positiva es más potente que la negativa. Pero tienes que ganartela.

7- Ten fe en la vida, te la hará más linda.

- 8ª parte -

- Demasiada información, mata la información.
- Perdona, ya verás qué bien viene.
- ¿Te habrás dado cuenta de cómo ciertas cosas son recurrentes en tu vida?
- Ser buena persona no significa que tengas que decir "sí" a todo, sin discutir.
- Sólo el tiempo es capaz de comprender lo importante que es el Amor.
- El "Yo" no es un juego.
- Todavía queda un largo camino por recorrer entre la Comprensión y la Aplicación.

Resumen de la 8ª parte

Demasiada información mata la información.

Somos curiosos, eso es bueno, pero querer saberlo todo, lo es menos...
Aquí hay algunos factores a considerar antes de tragarse la información que te dan.

- Primer factor: el tiempo.
Queremos saberlo todo en poco tiempo y lamentablemente es imposible informarnos completamente de una noticia y de todos los elementos relacionados con ella en unos minutos.

- Segundo factor: nuestra capacidad para comprender los entresijos de la información en cuestión.
Cada uno tiene un conocimiento limitado a las áreas en las que está interesado. Sin embargo, queremos que nos digan todo, excepto que no somos capaces de entenderlo todo. No sabemos exactamente cuáles son los imperativos de cada una de las acciones realizadas.
No sé si alguna vez has tenido la oportunidad de cambiar de trabajo o incluso de empresa, pero seguro que si has vivido esta rica experiencia, te han sorprendido muchos de los parámetros de los que no tenías ni la menor idea.

- Tercer factor: humano.
La información es recopilada por humanos.
Y como sabemos, el hombre no puede ser totalmente objetivo, imparcial, porque aunque no tenga voluntad de transmitir opinión alguna, sólo verá lo que sea capaz de ver.

- Cuarto factor: obligaciones.

Los medios de comunicación no tienen todos los derechos, tienen obligaciones éticas, políticas, deontológicas y seguramente muchas otras. Sin querer mencionar que además deben respetar a quienes los financian.... Y estos límites tienen un papel importante en lo que podrán revelarnos.

Sin embargo, somos exigentes.
Buscamos cantidad, no calidad.
Así nos sirven...

No te dejes intimidar por estos diferentes argumentos, es importante que sigas tratando de mantenerte informado, porque es bueno tener curiosidad e interés por lo que está pasando en el mundo.

Pero no aceptes cada información como un hecho.
Y considera todos los factores enumerados anteriormente al hacerlo.

Perdona y verás.

Una vez pasada la etapa del disgusto, de la ira, es importante perdonar.
Perdonar no tiene que significar que tienen que volver a ser amigos, o que tienes que aceptar y disfrutar la compañía de esa persona nuevamente.

Debes perdonar para que ya no sientas este odio, esta incomprensión, este rencor, este disgusto, para que ya no tengas este deseo de venganza, para que ya no sientas todas estas emociones que poco a poco te consumen, te carcomen.

Si no lo haces por "el otro", hazlo por ti.
Es tu vida la que estás envenenando, no la de la persona que te lastimó. No perdonar es como asegurar la continuidad de lo que ha hecho la persona que te hizo daño.
Es mantener este mal...

Concede tu perdón,
y encuentra la paz.

Insisto, el principal problema cuando no perdonas es que te haces daño. El otro sigue con su vida, tranquilamente o no, pero en todo caso, no tiene nada que ver con tus sentimientos.
Esto de ninguna manera afecta su presente, ni su personalidad.
Tu ira no es de ninguna manera productiva.

Eres la única persona
afectada por tu resentimiento.

¿Qué pena, verdad? De hecho, eres tú y solo tú quien mantiene ese sufrimiento.
¿Es esto realmente lo que quieres?

No perdones por el otro.
Perdona por tu propio bienestar.

¿Te habrás dado cuenta cuanto algunas cosas son recurrentes en tu vida?

Y sí... Hasta que no enfrentes lo que tienes que enfrentar para evolucionar, hasta que no aceptes lo que tienes que aceptar para seguir adelante, la misma situación se repetirá una y otra vez.

¿Te mudas, pero sigues teniendo problemas con tus vecinos?
¿Has cambiado de trabajo, pero sigues teniendo problemas con tu jefe?
¿Has cambiado de equipo, pero sigues teniendo problemas con tus compañeros?
¿En cualquier restaurante que vayas sigues teniendo problemas con los camareros?

Estos son solo ejemplos, pero si estás pasando por algo similar, hazte las preguntas adecuadas para romper este círculo vicioso.

No seas una víctima,
sino más bien un buen estudiante
de la escuela de la vida.

Ser buena persona no significa aceptarlo todo.

No es "ser buena persona" una razón para aceptar todo y dejarse llevar.
Tienes que tomar tus propias decisiones, tienes que elegir lo que es bueno para ti, tienes que hacer todo lo posible para conseguir lo que quieres para tu bienestar.
No encontrarás la paz dando vueltas a los problemas, esperando que los demás decidan por ti, esperando y deseando que la vida siga su curso, para que muy pronto sea sólo un mal recuerdo.

Tienes que tomar decisiones, tus propias decisiones.

¿Dulce o salado?

Debes saber lo que quieres, ¿verdad?

Mientras no te impongas, la vida no dejará de presentarte este tipo de situaciones.

Piensa que la vida es como un padre que quiere ayudarte a ser fuerte e independiente y prepararte para el futuro.

Puedes ser amable y decir "NO".

El cuento del amor.

Érase una vez una isla donde vivían todos los diferentes sentimientos: Alegría, Tristeza, Conocimiento, así como todos los demás, incluido el Amor.
Un día, se anunció a los sentimientos que la isla se iba a hundir. Así que todos prepararon sus botes y se fueron. Sólo quedó el Amor.
El amor quiso quedarse hasta el último momento. Cuando la isla estaba a punto de hundirse, el Amor decidió pedir ayuda.
La riqueza pasó por el Amor en un lujoso barco. Amor le dijo: "Riqueza, ¿puedes llevarme?"
"No, porque hay mucha plata y oro en mi barco. No tengo espacio para ti".
Entonces Amor decidió preguntarle a Orgullo, que también pasaba en un magnífico barco: "¡Orgullo, por favor ayúdame!"
"No puedo ayudarte, Amor. Estás todo mojado y podrías dañar mi bote"
Siendo la tristeza la siguiente, el Amor le preguntó: "Tristeza, déjame ir contigo".
"Oh... Amor, ¡estoy tan triste que necesito estar sola!"
La felicidad también pasó por el Amor, ¡pero él estaba tan feliz que ni siquiera escuchó que el Amor lo llamaba!
De repente, una voz dijo: "Ven, Amor, te llevo conmigo". Ese era un anciano que hablaba.
Amor se sintió tan agradecido y lleno de alegría que se olvidó de preguntarle al anciano su nombre.
Cuando llegaron a tierra firme, el anciano se fue.

Amor se dio cuenta de cuánto le debía y le preguntó a Conocimiento:
"¿Quién me ayudó?"
"Era el Tiempo", respondió el Conocimiento.
"¿Tiempo? ¿Pero por qué me ayudó el Tiempo?"
El conocimiento sonrió sabiamente y respondió:
"Es porque sólo el tiempo es capaz de comprender lo importante que es el Amor en la Vida".

Escrito por Rafaël en Meditar, amar

No juegues contigo.

(el título del capítulo en francés : "Je" n'est pas un jeu. Se pronuncia igual, "Je" significa "Yo" y "Jeu" significa "Juego")

A pesar de que estas dos palabras se pronuncian de la misma manera en francés, no puedes jugar con el yo, con tus deseos, con tus sentimientos, no puedes jugar con tu futuro. Hay juego y juego...

Puedes "jugar" el juego,
pero no "juegues" contigo.

No eres un personaje ficticio, no tienes ningún papel que desempeñar.

Sé tú mismo.

No puedes decidir lo que eres para los demás, pero puedes elegir evolucionar, avanzar y puedes elegir el camino que quieres tomar para llegar a donde quieres llegar.

El hecho de que la vida no sea un juego no significa
que no pueda ser divertida y placentera.

Queda un buen camino que recorrer entre la comprensión y la práctica.

Desafortunadamente, no es porque hayas entendido y hayas adherido a estos pensamientos que la partida está ganada.
Hay una diferencia entre entender y poner en práctica lo que has entendido.

Puedes ver tantos vídeos explicativos como quieras, tratando de manualidades diversas por ejemplo, si es una actividad nueva para ti, por muy claro y explicativo que sea el vídeo, a la hora de ponerlo en práctica te sentirás muy solo... Y esto, para cualquier actividad que sea.
A simple vista siempre parece fácil, y sin embargo cuando te toca pasar a la acción no es lo mismo... Tejer, hacer bricolaje, cocinar, pintar, hacer deporte, etc....

Admítelo, no sería jubiloso,
si fuera tan sencillo.

Paciencia, cada cosa a su tiempo, no intentes ir demasiado rápido, los cambios rápidos no resisten al tiempo.

No olvides que para que el cambio, la evolución, se registre en ti en profundidad, debes poder asociarlo con una experiencia vivida.

Así que ten paciencia, la vida te dará la oportunidad de hacerlo…

Resumiendo la 8ª parte

1- Toma con cautela cada información.

2- Perdona y verás lo ligero que te sentirás.

3- Frente a situaciones recurrentes, no seas una víctima, aprende.

4- Ser buena persona no significa aceptarlo todo. No encontrarás la paz eludiendo las dificultades.

5- Solo el Tiempo sabe cuánto el Amor es importante.

6- No estás actuando, no puedes fingir que eres otra persona, aceptate como eres y si no te gusta mejorate pero no finjas.

7- Está bien que entiendas, pero no es suficiente, ahora practica sin cesar.

- Bonus -

- PNL para trabajar tus dolores.
- Crea tu futuro.
- Aprende a canalizar el deseo sexual para impulsar tus proyectos.

Bonus: ejercicios prácticos.

Es porque tras tantos años de estudios y prácticas de diferentes métodos que conducen al bienestar, tras la lectura de tantos libros destinados al desarrollo personal, que me di cuenta de que la mayoría del tiempo necesitábamos ayuda para llevar nuestros conocimientos a la práctica.

Sobre el papel todo parece siempre claro y obvio y, sin embargo, a la hora de practicar todo es muy diferente.

También me di cuenta que dependiendo de nuestro funcionamiento o de las etapas de nuestras vidas, ciertos métodos tendrán más impacto que otros. Por eso hay tantos métodos, todos somos diferentes y nuestra receptividad depende de varios factores. No puede haber un método para todos.
Que sepas que un método que no ha tenido ningún resultado para ti en un período determinado, puede ayudarte y te puede ser beneficioso en otro momento.

Te invito a más descubrimientos, si aún no lo has hecho, estudia y pon en práctica la técnica de EFT.
Es un método que consiste en golpear o masajear determinados puntos corporales mientras te centras en un recuerdo o dificultad concretas. Puedes encontrar fácilmente en formato pdf "el manual de EFT", por Gary Craig, gratuito en muchos sitios.

El método EFT me ha ayudado mucho con diferentes problemas. Mareos, ansiedades, corrección de conducta...

Así que aquí está, para terminar esa guía, los ejercicios prácticos complementarios que me han permitido transformar mi vida.

La PNL para trabajar tus dolores.

Ya sea por un dolor físico o psíquico, por un malestar general, una fobia, un miedo, una manía.... Por todo lo que deseas cambiar en ti mismo, esta técnica te puede ayudar.

Encuentra un lugar tranquilo donde no te molesten. Ponte cómodo.
Respira profunda y tranquilamente 3 veces colocando tu mano sobre tu abdomen y con cada inspiración empujas tu mano lo más lejos posible con tu barriga.
La respiración abdominal estimula los órganos digestivos.

Cierra tus ojos.

Entonces ponte en contacto con tu dolor.
Trata de visualizarlo. ¿Cómo está él? ¿Su textura? ¿Su tamaño? ¿ Su olor? ¿ Su color? ¿ Qué te inspira? ¿ Está en movimiento? ¿Cuántos años tiene?
Pregúntale cuál es su nombre.
Pregúntale qué está haciendo allí, cuál es su papel y qué puedes hacer para ayudarlo.
Sigue sus consejos y si es tímido y no habla mucho contigo, ayúdalo.
Tratando de hacerle sentir bien, porque sea cual sea el dolor, aunque a veces cuesta entenderlo, está ahí con una intención positiva. Puede que busque protegerte de un miedo que tal vez ya no es tuyo, pero también puede que se haya quedado estancado en otro periodo

de tu vida, y necesite que alguien se lo explique, y que lo tranquilice.
Perdónalo y trata de comprenderlo. Suele pasar que ese "no sé que" se haya quedado en la etapa de la niñez y por eso reacciona como un niño.
Abrázalo, perdona su torpeza si es el caso, agradécele por sus buenas intenciones, ámalo y brindale seguridad.

Quizás con esto, sea suficiente para modificar su aspecto y sus efectos, pero si no fuera así. Con su consentimiento, haz lo necesario para que su apariencia cambie y te parezca más agradable, más aceptable.

Por ejemplo, puedes empezar cambiando el color o la luz de la imagen que tienes de este dolor, elige un color que te haga sentir mejor y pregúnta a tu molestia, o dolor, si le sienta bien.
Luego continúa reduciendo su tamaño, por ejemplo. Nunca olvides pedir su opinión o acuerdo ante cada cambio.
Todo es posible, no limites tu imaginación.
Puedes hacer que llueva o tirar baldes de agua si sientes que te quema. Agrega cubitos de hielo si está demasiado caliente. O, por lo contrario, envuélvelo en una manta si tiene frío. Puedes sembrar las flores más bonitas para ti, puedes aspirarlo con una súper aspiradora, o simplemente devolverle su libertad...
Todo, absolutamente todo es posible. Estamos de acuerdo en que todo esto se hará dentro de ti, en tu proyección interna.

No es necesaria ninguna acción física.

Y una vez que tengas la sensación de sentirte aliviado, y después de asegurarte de que todos los cambios realizados han sido aceptados por todo tu cuerpo.
Tome 3 respiraciones profundas y abre lentamente los ojos.

Repite el ejercicio tantas veces como sea necesario.

Este ejercicio puede parecer complicado al principio, pero poco a poco tu cuerpo se irá acostumbrando y la comunicación interna será cada vez más fácil.

Aprenderás así a conocer un aspecto totalmente sorprendente de ti mismo.

Crea tu futuro.

Como te mencioné en un capítulo anterior, es importante saber hacia dónde se quiere ir, y mirar en esa dirección.
Pero para eso es importante definir tu destino.

Este ejercicio está tomado directamente de mi formación como practicante en hipnosis y PNL del Sr. Bernard Frit. Lo cual, de paso, agradezco.
Esta herramienta es fundamental para planificar tu futuro.

Ejercicio:
En un cuaderno, escribe todo lo que quieres, todo lo que sueñas para tu futuro. Cómo quieres que sea tu futuro y cómo te sentirás cuando alcances tus metas.

Hazlo, tema por tema, primero haciendo un balance de la situación actual, luego desde hoy hasta los próximos 5 años, luego en el período de 5 años a 10 años, de 10 a 15 años, de 15 a 20 años y finalmente tu visión que te permitirá saber al final de la vida que has cumplido tus sueños, tus metas.

Considera la edad que tendrás en cada etapa. ¿Tendrás la misma energía? ¿Estarás jubilado? ¿Tus hijos se habrán ido de la casa? ¿Dónde vivirás? ¿Cuál será tu rutina?

Proyéctate realmente en todos los siguientes temas:

Trabajo (profesional y logro)

Amor (emocional, vida amorosa, hijos/padres)

Dinero (bienes, posesiones, herencias, deudas)

Relaciones (familia, amigos, personas a las que perdonar, perdónate a ti mismo)

Salud (estilo de vida)

Espiritualidad (y/o desarrollo personal)

Pasatiempos (lo que hago para divertirme)

Entorno de vida (ubicación geográfica, hogar, decoración)

Una vez que se hayan completado todos estos temas, imagínate en estas proyecciones.
Visualízalas, siéntelas en tu cuerpo y en tu mente.
Asegúrate de tenerlas en cuenta siempre. Cámbialas si lo crees necesario. Y toma tus decisiones de tal forma que seas siempre coherente con tus sueños, tus proyectos.

Te garantizo que el resultado es más que sorprendente.

Aprende a canalizar el deseo sexual para tener éxito.

Seguro que ya lo has leído en otros libros, el deseo sexual es la energía más poderosa que existe.
Durante muchos años ha sido utilizado por un círculo muy cerrado de privilegiados y ha demostrado su eficacia.
De hecho, las personas que han usado esa técnica han tenido grandes éxitos, y no estoy hablando de sex-appeal.

Esta técnica curiosamente pocas veces se explica, quizás por pudor, qué sé yo...

Su principio es utilizar la energía del deseo sexual para conectarte de una manera más poderosa a tu poder de atracción para proyectos completamente diferentes.

La visualización por sí sola a veces no es suficiente cuando se utilizan las Leyes de Atracción.
De hecho, también debes sentir la magia del éxito y beneficiarte en este momento de una energía poderosa, como la energía sexual.

Trataré de describirte de manera sencilla cómo lograr canalizar esta maravillosa energía.

Allá vamos…

En primer lugar, tienes que encontrar la manera de llegar a un estado de excitación sexual. Deberías sentir la emoción y la excitación estableciéndose e intensificandose en tu cuerpo.
Seguramente sentirás calor en tus zonas erógenas, principalmente en la parte inferior de tu pelvis.

Entonces debes mantener este deseo, esta excitación el mayor tiempo posible, 2, 3 min.
Luego, usando la respiración profunda, y manteniendo su intensidad, comenzarás a esparcir y difundir esta energía por todo tu cuerpo.
Entonces visualizarás esta energía, llegando a tus extremidades e incluso yendo más allá, formando como una burbuja a tu alrededor.

Cuando sientes que tu energía tiene pleno poder sobre todo tu cuerpo. Empieza, manteniéndola, a visualizar tus proyectos, tus deseos de futuro, tus sueños, y proyéctate hacia el futuro, sintiendo este éxito en todo tu cuerpo, toda tu alma.

Mantén este estado todo el tiempo que desees y puedes.

Te aseguro que es muy regenerante y acelera espectacularmente la ley de la atracción.

Te deseo todo lo mejor.

No olvides compartir tu opinión en Amazon.

Printed in Poland
by Amazon Fulfillment
Poland Sp. z o.o., Wrocław

89137075R00083